Karlheinz Esser

Cyberknife-Zentrum
Mein geschenktes Leben nach dem Krebs

Karlheinz Esser

Cyberknife-Zentrum

Mein geschenktes Leben nach dem Krebs

Rediroma-Verlag

Bibliografische Information der Deutschen Nationalbibliothek:
Die Deutsche Nationalbibliothek verzeichnet diese Publikation in der Deutschen Nationalbibliografie; detaillierte bibliografische Daten sind im Internet über http://dnb.ddb.de abrufbar.

ISBN 978-3-96103-144-3

Illustration: Karlheinz Esser/Gisela Esser
Fotos: Bernd Jaworek, Karlheinz Esser

www.rediroma-verlag.de
6,95 Euro (D)

„Die Hoffnung stirbt zuletzt, der Wille zum Leben treibt einen voran“

Inhaltsverzeichnis

Vorwort

Der erfolgreiche und agile Künstler Karlheinz Esser stellte sich vor Jahren mit einem seltenen, aber lebensbedrohlichen Augentumor in unserer Sprechstunde vor.

Für den ansonsten lebensbejahenden Neurieder war diese schwere Diagnose ein einschneidendes Erlebnis in seinem Leben. Doch trotz der bedrohlichen und ernsten Situation schaffte es Herr Esser, mit Besonnenheit, seinem unermesslichen Humor und seiner überaus gewinnenden positiven Art, diese Hürde zu meistern.

Wir konnten seinen Tumor mit unserer Cyberknife-Methode erfolgreich behandeln. Seit der Behandlung ist Herr Esser regelmäßig zur Kontrolle in unserem Zentrum. Wir erleben ihn seitdem als Menschen, der nie mit seinem Schicksal gehadert hat. Vielmehr scheint er sogar noch daran gewachsen zu sein und hat sich zu einem sympathischen »Tausendsassa« entwickelt. Herr Esser erzählt stets mit einem fröhlichen Augenzwinkern von den zahlreichen spannenden Projekten in seinem Leben und hat sich auch heute noch sein lausbübisches Flackern in den Augen bewahrt.

Mit seinem Tempo mitzuhalten, ist für so manch Jüngeren bestimmt nicht immer leicht. Doch wir freuen uns, dass wir ihn seit so langer Zeit begleiten dürfen und er uns an seinen Vorhaben teilhaben lässt. So wünschen wir ihm auch für dieses neue Buch ein gutes Gelingen und interessierte Leser, die sich mit ihm auf eine vergnügliche Gedankenreise begeben.

Prof. Dr. med. Alexander Muacevic

»Wer immer im Tal der Träume wandert, sieht nicht den Berg der Wirklichkeit«

Den Spruch, den ich mal vor 30 Jahren geschrieben hatte, er holte mich zurück in die Wirklichkeit. Künstler träumen gerne und ich gehöre auch dazu. Es war was Schleichendes, aber was? Ich merkte es nicht, erst als die Diagnose »Krebs« kam. Wenn du dieses Wort hörst, dann wirst du ganz klein.

Bei jedem Menschen ist es anders! Wie war es bei mir? Ich hatte nie Kopfschmerzen, das Sehen machte mir Schwierigkeiten, ab und zu weiße Blitze, also ließ ich mich von meiner besorgten Frau überreden, zum Augenarzt zu gehen. Es folgte ein Sehtest, wie man ihn auch beim Optiker macht. »Sie haben unterschiedliche Dioptrien«, wurde mir mitgeteilt: auf dem rechten Auge mehr, auf dem linken Auge weniger. Guter Mann, Sie brauchen eine neue Brille.« Doch dazu hatte ich keine Lust, aber schließlich ließ ich mich doch überreden und ich hatte nach anderthalb Wochen eine schicke neue Brille. Meine Frau war zufrieden, ich auch, was will man mehr? Eine Brille trug ich ja schon mehrere Jahre. In der Zwischenzeit waren zwei meiner Brüder an Krebs verstorben. Ich machte mir keine Sorgen. Krebs bekommen doch nur die »anderen«, so denkt doch jeder erst einmal.

Was ist Krebs überhaupt?

Ich weiß es bis heute noch nicht so richtig, also habe ich mich im Internet schlau gemacht: Krebs ist ein Sammelbegriff für bösartige Körperzellen. Sie entstehen, wenn sich bestimmte Abschnitte der Erbsubstanz (Gene) verändern, diese Veränderung nicht mehr repariert und die Erbformationen dadurch verfälscht werden. Je älter der Mensch wird, desto unzuverlässiger arbeitet das Reparatursystem der Gene. Dies spiegelt sich in den Neuerkrankungszahlen wider: Das mittlere Erkrankungsalter liegt für Männer und Frauen bei 65 Jahren, doch in manchen Fällen auch niedriger.
Habt ihr es begriffen? Ich bis heute nicht und ich will es auch nicht wirklich wissen. Obwohl ich ja Krebs habe, aber davon später mehr.

Viele Jahre verbrachte ich schon im Krankenhaus, aber nicht als Patient, sondern als Operationspfleger. Ich weiß also, wie Ärzte, Krankenschwestern und Pfleger ticken. Und wer geht schon gerne zum Arzt? Ich habe eine Odyssee von Ärzten und Kliniken hinter mir.

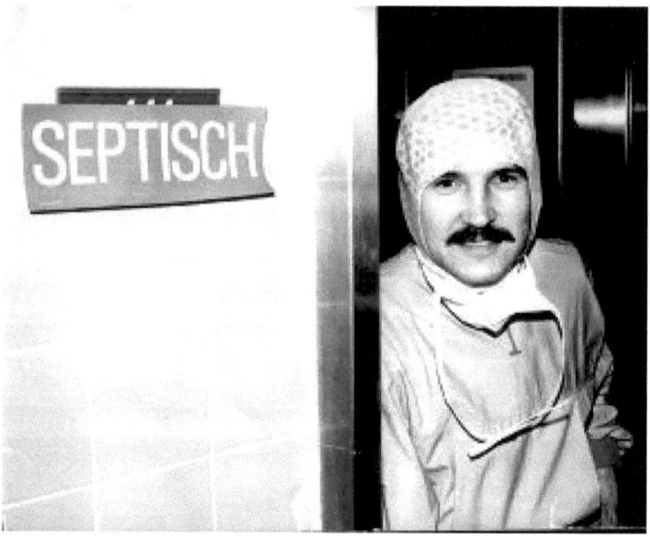

Ich war noch ein Junge von 35 Jahren und es hatte mir immer viel Freude bereitet in diesem Beruf zu arbeiten.

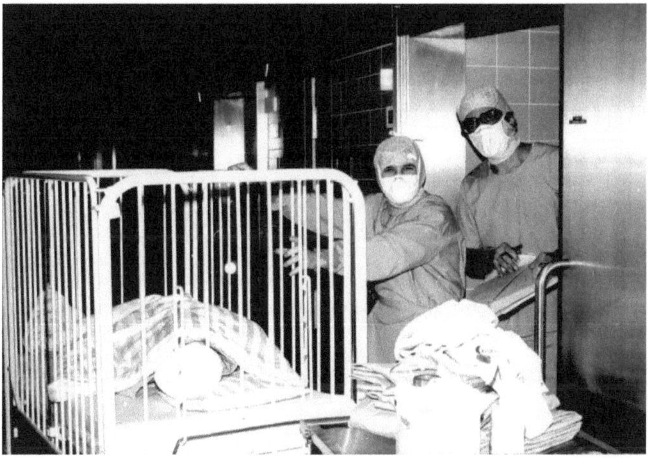

Nach einer erfolgreichen septischen Hirntumor-Operation an einem 2-jährigen Jungen.

Irgendwie merkte ich, dass etwas mit mir nicht stimmte.

Hatte ich auch Krebs? Aber den Gedanken verwarf ich schnell wieder. Es wird ja wohl nicht sein können, im Auge? Niemals, dachte ich! Heute bin ich schlauer in dieser Sache.

Krebsauslösende Faktoren

Zu den Faktoren: Zu den Faktoren, die die Krebsentstehung fördern können, gehören: UV-Strahlen, Tabakrauch, Asbest, Chemikalien, chronische Infektionen, ein erhöhter Alkoholgenuss, wenig Obst und Gemüse, eine ungesunde Lebensweise, kein Sport. Für alles Beschriebene war ich wohl prädestiniert. Nur geraucht habe ich nie. Alle haben doch Angst vor dem »Krebs« und wer geht schon gerne zu den »Göttern in Weiß« Kaum eine Krankheit ist so verbunden mit der Angst wie Krebs. Jeder denkt doch gleich an lange Klinikaufenthalte und an den Tod. Dazu kommt noch, dass man sich zusätzlich noch resistente Krankenhauskeime einfangen kann. Natürlich kann man sich über das Internet informieren, dennoch muss man anschließend zum Arzt, außerdem rate ich, sich noch eine zweite Meinung bei einem weiteren Arzt einzuholen.

Ähnlich war es bei mir, ich rannte auch von einem Arzt zum anderen. Bis man mir geraten hatte, doch in die Universitätsaugenklinik zu gehen, doch das war ein steiniger Weg. Denkt dabei daran, ihr habt als Patient nicht nur Pflichten sondern auch Rechte.

Ich möchte euch erzählen wie es mir so ergangen ist, mit Pleiten, Pech und Pannen als Krebspatient.

Wie schon erwähnt, hatte ich immer wieder weiße Blitze in den Augen, aber keine Kopfschmerzen. Wir hatten uns mit unserem Wohnmobil ein paar schöne Tage im bayerischen Oberland gemacht. Bei einer Wanderung gingen wir über eine Brücke. Eine Angewohnheit von mir ist, mitten auf einer Brücke in den Fluss zu spucken. Einem Aberglauben nach sollte es Glück bringen. Ich merkte plötzlich, dass mein linkes Auge ganz woanders hinschaute. Eigentlich wollte ich meiner Frau davon nichts erzählen, doch sie merkte sofort, dass mit mir irgendetwas nicht stimmte. Also musste ich ihr es erzählen. Meine Frau, die in Gesundheitsdingen überängstlich reagiert, und dies mit Recht, brachte jetzt den Stein ins Rollen. Ich bin wieder einmal zum Augenarzt gegangen. Dieses Mal musste ich sofort meinen Koffer packen und in die Augenklinik fahren. Ich hatte riesige Angst, da ich in diversen Kliniken – wie schon erwähnt – als Operations-Pfleger in sämtlichen Abteilungen gearbeitet hatte, von der Herz- bis zur Schönheitschirurgie. Und so wusste ich von so manchen Ereignissen, die nicht so liefen, wie sie laufen sollten. Über meine Angst, die ich hatte, sprach ich mit meiner Frau und wir hatten eine recht heiße Diskussion. Es nützte aber alles nichts, sie schleppte mich in die Universitätsaugenklinik nach München. Unterwegs hingen wir in einem riesen Stau fest, dann waren auch noch der Wartesaal und die Gänge mit Patienten überfüllt. Erstmal mussten wir eine Nummer ziehen. Nach stundenlangem Warten wurden wir endlich aufgerufen. Ich wurde von 1, 2, 3, 4 Praktikanten untersucht, wir waren ja in einer Uniklinik, sie wollen ja was lernen. Bis dann endlich ein Oberarzt gekommen ist, der mich dann gründlich untersuchte. Dieser bestellte mich aber auch nur die nächste Woche in die Tumorsprechstunde ein. Da könnt ihr euch ja vorstellen, was ich für einen »Hals« bekommen hatte.

An diesem Tag war ich mit meiner Frau zwölf Stunden im Krankenhaus ohne irgendetwas Konkretes erfahren zu haben. In der darauffolgenden Woche wieder der gleiche »Zinnober«, doch diesmal war ich schlauer. Ich ließ nur noch ‚zwei', an mich heran zur Untersuchung. Herr Oberarzt Dr. Foerster, ein sehr netter Mann und kompetent in seinem Fach sagte, dass ich ein bösartiges Aderhautmelanom im linken Auge hätte, also Krebs! Und dass das Auge operativ entfernt werden müsste. Ich war so fertig, dass ich bald weinen musste. Gott sei Dank war meine Frau dabei. Wir fuhren anschließend sehr getrübt nach Hause. An diesem Tag waren wir 10 Stunden in der Klinik, manche Patienten waren noch länger dort und hatten sich was zu essen mitgebracht. Meine Frau setzte sich sofort an den Laptop, um im Internet alle möglichen Informationen über das Aderhautmelanom zu bekommen. Ich wollte darüber nichts hören und nichts sehen.

Ich bin ein Junge aus dem Kohlenpott und habe lange im Rheinland gelebt. Ich bin ein Optimist und glaube an Gott und an das Gute. Habe für mich einige Wunder erlebt, doch davon später mehr. Zu einem späteren Termin waren wir wieder in der Tumorsprechstunde: Diesmal kam ich mit dem Oberarzt so richtig ins Gespräch und ich wurde über mein Aderhautmelanom aufgeklärt. So erklärte mir Herrn Dr. Foerster, dass normalerweise mein Auge entfernt werden müsse. Zum Kotzen und zum Weinen nahe, so war mir zu Mute. Im Gespräch erzählte ich, dass ich mal im Klinikum Großhadern als Operationspfleger gearbeitet hätte, was sich in meinem Fall noch als das große Glück herausstellen sollte. Es ist egal, welchen Krebs man hat, jeder Krebs muss behandelt werden, da er ansonsten zum Tod führen kann.

Auch in meinen Fall war es so. Mein Held Herr Dr. Foerster erzählte mir was von einer alternativen Operation meines kranken Auges. Es gebe in Großhadern ein Cyberknife-Zentrum mit einem Strahlen-Roboter, der mir helfen könnte. In diesem Moment, als er mir das sagte, wurde er mein Held. Wie ich eingangs geschrieben habe, die Hoffnung stirbt zuletzt.

Was ist ein Aderhautmelanom?

Unter der Bezeichnung Aderhautmelanom verstehen Mediziner eine Krebserkrankung des Auges, bei der sich ein bösartiger Tumor bildet.
Dieser entsteht unmittelbar auf der Aderhaut (Choroidea), woher sich der Name der Erkrankung ableitet. Es handelt sich hierbei um die am häufigsten auftretende Krebsart im Auge: Statistiker besagen, dass sie bei 100.000 Menschen ca. 6x vorkommt. Am meisten sind Personen betroffen, die das 50. Lebensjahr überschritten haben.
Eine besondere Häufung ist zwischen dem 60. und dem 70. Lebensjahr zu beobachten. Die Erkrankung wird oftmals erst in einem fortgeschrittenen Stadium festgestellt. Ungefähr die Hälfte der diagnostizierten Aderhautmelanome werden daher erst be-

handelt, wenn sich bereits Metastasen in den Organen gebildet haben.

Besprechung am 22. 07. 2011

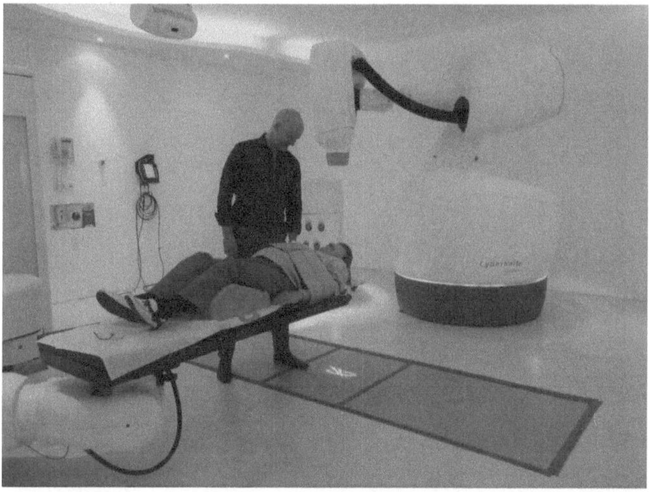

Vier Wochen später OP mit Fridolin, dem Strahlen-Roboter, den ich für mich so taufte und der mir mein Auge rettete.

Aber eigentlich wollte ich euch meine eigene Geschichte erzählen.

So wie alles gewesen ist. Nun wir stellten uns, meine Frau, (uns gibt es immer nur im Doppelpack) und ich, am 22.07.2011 im Cyberknife-Zentrum München-Großhadern vor. Wir wurden ausführlich über meine Behandlung unterrichtet und bekamen schnell einen Termin. Danach mussten wir erstmal bei meiner Krankenkasse anfragen, ob sie die Kosten der Behandlung übernehmen würde. Diese übernahm die Kosten, doch erst nach einer endlos erscheinenden vierwöchigen Wartezeit. Erst mit Ankündigung einer »Drohung« durch Veröffentlichung über Funk und Fernsehen bekam ich die Übernahmezusage.
Nun zu dem Tag, der mein Leben wieder schöner machte und seit dem

ich mein Leben wieder mit schönen Dingen füllen kann. Dieser Tag war nun gekommen.
Im Cyberknife-Zentrum wurden meine Frau und ich ganz herzlich empfangen, anschließend hatte ich noch eine Art Untersuchung und ab ging es auf die „Patientenbank". Herr Oberarzt Dr. Foerster kam aus der Augenklinik und setzte mir eine Spritze ins linke Auge, sodass das Auge steif blieb. In diesem Moment habe ich erstmal den Strahlen-Roboter richtig gesehen und habe ihn auf Anhieb sympathisch gefunden. In meinen Gedanken taufte ich ihn Fridolin. Das Highlight kommt noch: Ich durfte mir meine eigene CD mitbringen und mich während meiner Behandlung von meiner Lieblings-Musik berauschen lassen. Nach ca. 25 Minuten war die ganze Sache vorbei, ja, und ihr könnt es mir glau-

ben, es tat überhaupt nicht weh. Diese ganze Behandlung war unblutig und ich lag in meinen „Zivilklamotten“ auf dem Schlitten des Strahlen-Roboters. Mein Auge ist erhalten worden und ich kann damit sogar noch etwas sehen. Für mich ist dieser Strahlen-Roboter ein Wunderwerk. Da sieht man wieder, was die Technik alles erreicht hat.

Ich schrieb ein Buch für meine Enkel, das ich Herrn Professor Muacevic zeigte. Er schaute es sich an und meinte: Daraus machen wir ein richtiges Buch. Und so nahm dann alles seinen Lauf.

MITTWOCH, 19. NOVEMBER 2014 www.hallo-muenchen.de

HALLO würmtal

GRÄFELFING · LOCHHAM · PLANEGG · MARTINSRIED NEURIED

Dessauerstr. 10 · 80992 München · Tel. (089) 14 98 15 820 · info@hallo-muenchen.de

Neurieder Künstler schreibt Buch über die Rettung seines Auges

Sein Wunder soll Mut machen

NEURIED Fast hätte der Neurieder Kunstmaler und Bildhauer Karlheinz Esser (Foto) sein linkes Auge verloren: Er leidet an einem bösartigen Tumor. Ein eher zufälliges Gespräch mit seinem Arzt hat den gebürtigen Rheinländer gerettet. Seine Erlebnisse hält Esser nun in einem Buch fest. Warum der Neurieder seine Rettung als Wunder sieht, wie er mit seinem Buch anderen Menschen Mut machen will **> SEITE 3**

Nr. 47 Mittwoch, 19. November 2014 Tel. (089) 14 98 15 - 820 WÜRMTAL HALLO münchen 3

Neurieder übersteht eine schwere Augen-Erkrankung und schreibt ein Buch über seine Erlebnisse

»Es ist ein Wunder«

NEURIED Wenn Karlheinz Esser (73) an die vergangenen drei Jahre zurückdenkt, dann treten ihm manchmal die Tränen in die Augen. So sehr überwältigt ihn das persönliche Wunder, das er erlebt hat: Ein zufälliges Gespräch hat ihm sein linkes Auge gerettet. Jetzt hält er seine Erlebnisse in einem Buch fest.

Beim Malen merkte der gebürtige Rheinländer, dass etwas nicht stimmt. „Ich habe plötzlich wie Picasso gemalt", sagt er. Soll heißen: Er hatte solche Probleme beim Sehen, dass ihm keine gerade Linie mehr gelang. „Den Leuten hat's zwar gefallen, aber das ist eigentlich gar nicht mein Stil", erzählt der Kunstmaler und Bildhauer.

Was folgte, war eine wahre Ärzte-Odyssee, an deren Ende eine bittere Diagnose stand: Esser leidet an einem Aderhaut-Melanom – einem bösartigen Tumor am linken Auge. Die Aussichten waren mehr als düster. „Man sagte mir, dass das Auge raus muss."

Doch dann passierte das, was Esser als sein persönliches Wunder bezeichnet. „Ich habe früher als OP-Pfleger im Klinikum Großhadern gearbeitet", sagt er. In einem eher beiläufigen Gespräch erwähnte er dies gegenüber seinem behandelnden Arzt. Der war früher selbst in Großhadern tätig und erinnerte sich plötzlich an eine neuartige Behandlungsmethode. „Eine Bestrahlung durch einen Roboter", erzählt Esser.

Was der Rheinländer so wundersam findet: „Hätte ich mit dem Arzt nicht über meine Zeit in Großhadern gesprochen, wäre nicht die neue Behandlung zur Sprache gekommen." Und dann hätte Esser heute sein Auge nicht mehr.

Die Erfahrungen mit der neuartigen Methode am Klinikum waren gering, das Risiko entsprechend hoch. „Aber das war mir egal, Hauptsache das Auge kam nicht raus." Und in der Tat: Die Bestrahlung war erfolgreich. Zwar hat Esser auf dem kranken Auge nur eine Sehkraft von 15 Prozent. Aber er hat es noch.

Und weil Esser gerne schreibt – unter anderem erschienen Werke in der Reihe „Starnberger Seegeschichten" – hält er seine Erlebnisse nun in einem Buch fest. Ursprünglich hatte er das nur für seine Enkel tun wollen. Das dabei entstandene Werk „Mein krankes Auge" zeigte er einem Arzt. „Und der sagte sofort: ‚Da machen wir was Großes draus'", erzählt Esser. Und deshalb hat der Neurieder seinen Text nun überarbeitet und erweitert. Auf gut über 60 Seiten wird das fertige Werk wohl kommen. Und es wird auch wieder „Mein krankes Auge" heißen – diesmal allerdings auf Lateinisch: „Dendo leo a infirmus oculus". Erscheinen soll das Werk Anfang 2015.

Esser will anderen Patienten damit Mut machen. Darum erzählt er seine Geschichte – und sein ganz persönliches Wunder.

Andreas Daschner

Sein Buch „Mein krankes Auge" hat Karlheinz Esser für seine Enkel geschrieben. Eine überarbeitete und erweiterte Version soll Anfang 2015 im Buchhandel erscheinen.

In den fünf Jahren seit dieser Augen-OP habe ich es mir recht gut gehen lassen und ich habe das Leben so angenommen, wie es ist. Für mich war es ein Wunder, dass ich mein »krankes Auge« behalten durfte.

Weil ich von Wunder redete: Das erste Wunder habe ich erlebt, als ich im Bergbau unter einem Kohlenstoß halbwegs begraben war. Das zweite Wunder erlebte ich, als ich mich mit meinem Auto überschlug und vor einem Abgrund zum Liegen kam. Inzwischen, nach meiner Augen-OP, habe ich noch einen Schlaganfall erlitten, den ich aber – Gott sei Dank – schnell überwunden hatte. Was hat Gott noch mit mir vor? Ich hoffe, nur Gutes. Ich liebe das Leben und habe es auch oft in vollen Zügen genossen. Ich muss jetzt alle drei Monate zur Kontrolle zum Onkologen und einmal im Jahr zum MRT für Kopf und Auge. Meine Ärzte sind zu mir stets sehr freundlich und haben immer ein offenes Ohr für meine Belange, was will man mehr?

Ich weiß ja, dass die Ärzte heutzutage für ihre Patienten nur mehr wenig Zeit haben. Oft bleiben nur wenige Minuten, der Profit steht vielmals im Vordergrund. Aber ich glaube auch, dass es nicht mehr anders geht, wenn ich daran denke, wie viele Patienten versorgt werden müssen. Ich bin Rheinländer, ein Junge aus dem Kohlenpott und ich bringe meine Ärzte manchmal auch zum Lachen, auch wenn Privates zu kurz kommt. Ist auch in Ordnung. Stellen Sie sich doch mal vor, wenn das jeder Patient machen würde! So gäbe es nie den Satz »der Nächste bitte«. Und es gäbe lange, lange Wartezeiten. Aber auch hier habe ich das große Glück, wunderbare, kompetente Ärzte gefunden zu haben.

Ein Aderhautmelanom kann im Körper Metastasen bilden.

Sehr oft, sagt man, bilden sich in den ersten anderthalb Jahren nach der Diagnosestellung »Aderhautmelanom« Metastasen, speziell hier in der Leber. Als ich mal wieder im MRT war stellte man fest, dass ich einen Befund in der Leber hätte und dieser auf eine Lebermetastase hindeuten könnte, welche sich im Kontroll-MRT auch vergrößerte. Das wäre mein Todesurteil gewesen. Die Ärzte rieten mir, ich solle mir doch ein schönes Leben machen. Das tat ich mit meiner Frau dann auch. Als ich ein weiteres Mal bei Herrn Dr. Foerster in der Sprechstunde war, sagte er zu mir, Sicherheit geht vor, wir lassen noch eine PET/CT Untersuchung (Positronen-Emissions-Tomographie) machen. Zum Glück stellte sich hierbei heraus, dass die vermeintliche Lebermetastase »nur« eine Fettleberzyste war und so konnte mein »geschenktes neues Leben« beginnen. Herr Oberarzt Dr. Foerster ist bis heute mein Held. In dieser Zeit malte ich sehr viel und richtete einige Vernissagen aus. In dieser Zeit brachte ich zwei Bücher heraus mit dem Titel »Mein krankes Auge« und »Ernst und Heiter«. Das Leben ist schön auch wenn es manches Mal zum »Kotzen« ist.

Mein Motto ist: Und immer wieder geht die Sonne auf, Dunkelheit für immer gibt es nicht.

Heute hatte ich meine jährliche Nachsorge-Untersuchung.

Da ich nicht mehr alle drei Monate zur Tumorsprechstunde in die Augenklinik muss, geht es mir besser und ich bin wieder ein freier Mensch und kann mit meiner Frau auf Reisen gehen. Morgens sind wir zur Universitätsaugenklinik angereist. Der ganze »Zinnober«, den ich hier x-mal durchgemacht habe, wurde dieses Mal durch meinen Helden Herrn Dr. Foerster durchgeführt. Man hatte einiges geändert und ich hatte das Gefühl, es ging irgendwie alles schneller, denn dieses Mal waren wir »nur« fünf Stunden in der Klinik. Trotz allem muss ich alle drei Monate zum Onkologen zur Untersuchung sowie zum Kopf- und Leber-MRT. »Das Leben ist schön, es lebe das Leben.« Ich brauche mir nicht irgendwie was einreden, wenn man bedenkt, was manch einer durchmachen muss. Dagegen bin ich doch nur ein kleines Licht.

Meine drei Monate sind rum.

Meine drei Monate sind rum, und ich muss wieder zum Onkologen. Am Abend zuvor habe ich meine Klamotten herausgelegt, welche ich für den nächsten Tag anziehe. Am frühen Morgen ging blutrot die Sonne auf, strahlend blauer Himmel. Ich ging unter die Brause, duschte und dachte an den Onkologen. Im Anschluss fuhren meine Frau (uns gibt es – wie gesagt – nur im Doppelpack) und ich in die Stadt. Angekommen, machen wir uns immer einen schönen Tag. Auch nutzen wir den zum Shoppen, was Schönes zum Anziehen findet man ja immer. Anschließend hatten wir den Termin, den wir einhalten mussten. So trafen wir pünktlich bei meinem Onkologen ein. Wir begrüßen uns immer recht herzlich. Erst kommt die Frage, wie

es mir geht. Dann kommt die Untersuchung, aber so was von gründlich dass es eine wahre Freude ist.
Linke Niere, Milz, Bauchspeicheldrüse, rechte Niere, Leber, alle Lymphknoten in Ordnung. So bin ich auf dem Weg der Besserung. Was will man mehr im Leben. Es gibt immer eine Steigerung, warum eigentlich?

Das Jahr liegt in den letzten Zügen …

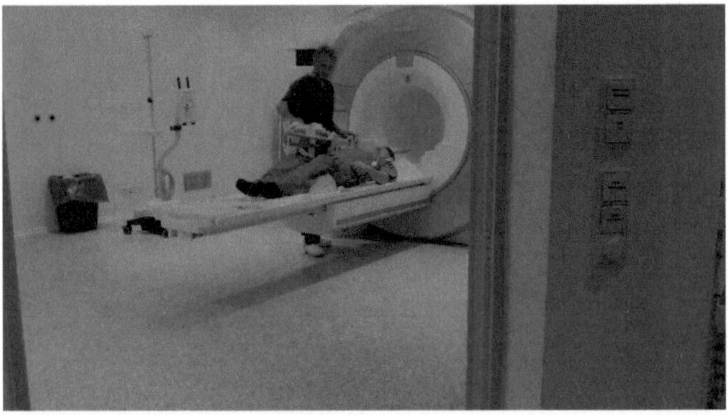

Ein Vergnügen ,im MRT zu liegen

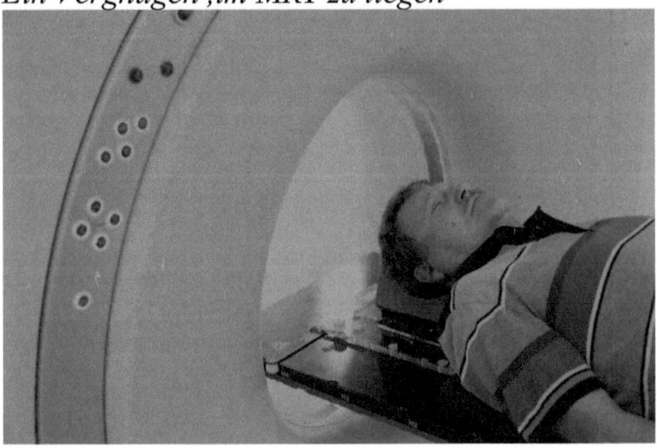

… und ich muss noch einmal in das MRT, ihr wisst schon, in die Röhre. Um 6 Uhr rappelte der Wecker, 7 Uhr 30 hatten wir einen Termin. Wieder strahlendes Wetter und so bummelten wir durch die Einkaufsstraßen am Rathaus vorbei zur Burgstraße in die Praxis-Radiologie München. Am Empfang ein geschäftiges Arbeiten, zum Glück brauchten wir nicht den Laufzettel neu ausfüllen, sondern nur auf ein neues Datum ein Autogramm schreiben. Nun ging es in der Röhre zum 28stenmal. Anschließend zum Professor, auf den ich mich schon freute, weil er aus meiner Heimat ist. Eigentlich war ich nur wegen meiner Leber gekommen, und so haben sie mir gleich den ganzen Oberkörper mitgemacht. Die Prozedur dauerte eine Dreiviertelstunde Als ich dann mit meiner Frau bei Herrn Professor Graser zur Besprechung war, teilte er uns mit, dass alles in Ordnung sei. Nieren, Leber, Bauchspeicheldrüse, Milz und so weiter, alles in Ordnung. Wir hatten noch ein kurzes privates Gespräch, dann war die Untersuchung für das Jahr 2016 vorbei. Wir machten uns noch einen schönen Tag.

Zwei Tage später hatte ich noch ein Gespräch im Cyberknife-Zentrum, bei Herrn Professor Dr. Alexander Muacevic. Zusammen mit meiner Frau hatten wir ein sehr angenehmes Gespräch. Ich habe mein Auge noch und bin glücklich dabei, und mein Held, der »Herr Professor« ist sehr zufrieden mit mir, was will man mehr?

Ich bin eben ein großer Junge aus dem Kohlenpott, habe einiges im Leben überstanden, so auch dieses. Wir machten noch einige Späße und anschließend wollte ich noch unbedingt von meinem Held ein Foto haben.

MEDIZIN AKTUELL

Mit Cyberknife hat die Zukunft bereits begonnen

Die moderne Medizin bietet inzwischen ein breites Spektrum im Kampf gegen den Krebs an. Die Cyberknife-Technologie ist ein strahlenchirurgisches Verfahren, das in den letzten Jahren zu einer Erfolgsstory der modernen Krebsmedizin geworden ist – und in München startet nun die Zukunft.

„Bei der Cyberknife-Technologie handelt es sich um die derzeit innovativste Photonentherapie", erklärt Privat-Dozent Dr. Alexander Muacevic, einer der beiden ärztlichen Leiter des Europäischen Cyberknife Zentrums in München-Großhadern (ECZM). „Die wichtigste Aufgabe der Strahlenchirurgie ist die hoch präzise Bestrahlung eines exakt festgelegten Zielvolumens, bei zugleich geringster Strahlenbelastung für das umliegende, gesunde Gewebe." Um dies zu erreichen, wird zuerst ein Bestrahlungsgerät mit geeigneter Strahlenart und Energie gewählt und die Tumorregion aus verschiedenen Richtungen bestrahlt. Bei der flexiblen Cyberknife-Technologie dreht sich die Bestrahlungseinheit um den Patienten, so dass die höchste Strahlendosis in den Krebszellen erreicht wird. Rund 3.500 Patienten sind auf diese Weise bereits im ECZM seit 2005 behandelt worden, viele davon gesetzlich versichert, z. B. bei der AOK Bayern. Nun wird die neueste Cyberknife Plattform weltweit zum ersten Mal in München zum Einsatz kommen. Ein Beleg dafür, dass die hohe Qualität am Europäischen Cyberknife Zentrum in München-Großhadern international anerkannt wird. Auch Dank der Kooperation mit dem Klinikum der Ludwig-Maximilians-Universität (LMU), die maßgeblich zur Weiterentwicklung der Technologie und der Behandlung verschiedener Indikationen beigetragen hat.

Bei der Cyberknife-Technologie handelt es sich um ein „Skalpell aus Licht", das vollkommen schmerzfrei, ambulant und meist nur in einer Behandlung zur Anwendung kommt und Tumorzellen abtötet. „Durch die ionisierende, hochenergetische Photonen-Strahlung, die in einem Beschleuniger erzeugt wird, werden in den Tumorzellen Schäden am Erbgut verursacht, die letztlich zum Zelltod führen", sagt Prof. Dr. Berndt Wowra, ebenfalls ärztlicher Leiter des ECZM. „Meist reicht eine einzige ambulante Behandlung mit einer mittleren Dauer von maximal 45 Minuten aus." Die Bestrahlung ist schmerzfrei, eine Narkose und eine Fixierung des Patienten sind nicht nötig, weil das System kleinere Bewegungen in Echtzeit ausgleichen kann. Die Patienten können nach der Behandlung wieder ihren gewohnten Tätigkeiten nachgehen, eine Nachversorgung oder ein Reha-Aufenthalt mit den damit verbundenen Kosten entfallen. Gemäß einer Kalkulation des Fachverbandes für Medizintechnik können pro Patient, der mittels Cyberknife behandelt wird, im Vergleich zu alternativen Behandlungsmethoden sogar im Durchschnitt rund 2.000 Euro eingespart werden.

Prof. Dr. Berndt Wowra, PD Dr. Alexander Muacevic

Das Behandlungsspektrum umfasst derzeit die Bestrahlung von Tumoren im Gehirn, am Auge, an der Wirbelsäule und am Becken sowie in Lunge, Leber, Niere und zum Teil auch an der Prostata. Zur Vorbereitung müssen von den Tumoren verschiedene Bilder mit dem Computertomographen und dem Kernspin (MRT) aufgenommen werden. „Die Daten benötigen wir zur Behandlungsplanung", sagt Dr. Christoph Fürweger, Leitender Medizinphysiker des ECZM. Mit aufwändiger Computertechnologie wird exakt errechnet, aus welcher Richtung und mit welcher Dosis die Krebszellen bestrahlt werden. Eine Cyberknife-Behandlung kann zeitnah oder sogar parallel zur Chemotherapie erfolgen.

von Philipp Kreßirer

Weitere Informationen

Tel.: (0)89 / 452 33 60
info@cyber-knife.net

6 ORTHOpress 1/2013

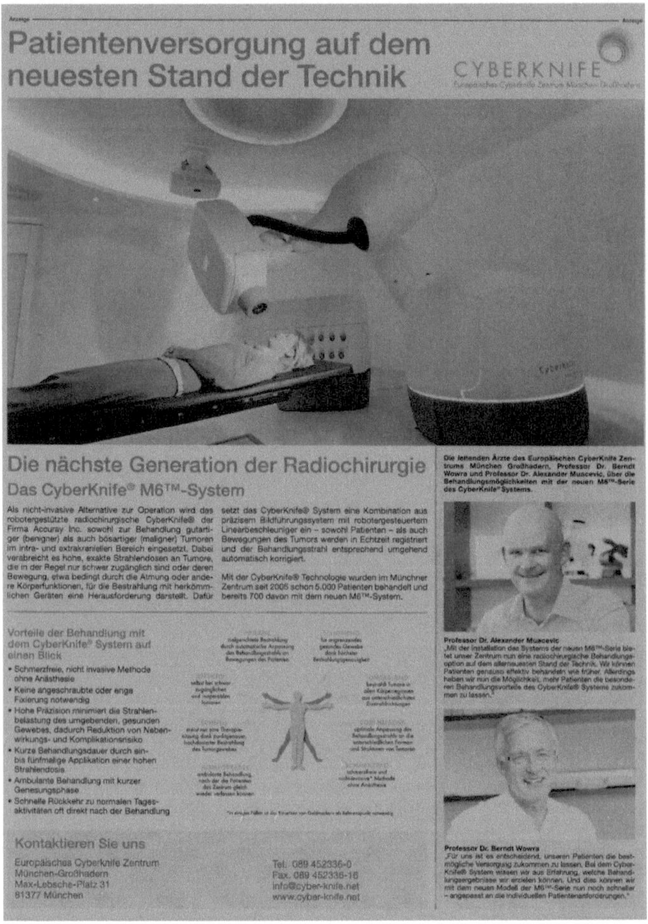

Anzeige

Patientenversorgung auf dem neuesten Stand der Technik

CYBERKNIFE

Die nächste Generation der Radiochirurgie

Das CyberKnife® M6™-System

Als nicht-invasive Alternative zur Operation wird das robotergestützte radiochirurgische CyberKnife® der Firma Accuray Inc. sowohl zur Behandlung gutartiger (benigner) als auch bösartiger (maligner) Tumoren im intra- und extrakraniellen Bereich eingesetzt. Dabei verabreicht es hohe, exakte Strahlendosen an Tumore, die in der Regel nur schwer zugänglich sind oder deren Bewegung, etwa bedingt durch die Atmung oder andere Körperfunktionen, für die Bestrahlung mit herkömmlichen Geräten eine Herausforderung darstellt. Dafür setzt das CyberKnife® System eine Kombination aus präzisem Bildführungssystem mit robotergesteuertem Linearbeschleuniger ein – sowohl Patienten – als auch Bewegungen des Tumors werden in Echtzeit registriert und der Behandlungsstrahl entsprechend umgehend automatisch korrigiert.

Mit der CyberKnife® Technologie wurden im Münchner Zentrum seit 2005 schon 5.000 Patienten behandelt und bereits 700 davon mit dem neuen M6™-System.

Vorteile der Behandlung mit dem CyberKnife® System auf einen Blick

- Schmerzfreie, nicht invasive Methode ohne Anästhesie
- Keine angeschraubte oder enge Fixierung notwendig
- Hohe Präzision minimiert die Strahlenbelastung des umgebenden, gesunden Gewebes, dadurch Reduktion von Nebenwirkungs- und Komplikationsrisiko
- Kurze Behandlungsdauer durch ein- bis fünfmalige Applikation einer hohen Strahlendosis
- Ambulante Behandlung mit kurzer Genesungsphase
- Schnelle Rückkehr zu normalen Tagesaktivitäten oft direkt nach der Behandlung

Kontaktieren Sie uns

Europäisches Cyberknife Zentrum
München-Großhadern
Max-Lebsche-Platz 31
81377 München

Tel. 089 452336-0
Fax. 089 452336-16
info@cyber-knife.net
www.cyber-knife.net

Die leitenden Ärzte des Europäischen CyberKnife Zentrums München Großhadern, Professor Dr. Berndt Wowra und Professor Dr. Alexander Muacevic, über die Behandlungsmöglichkeiten mit der neuen M6™-Serie des CyberKnife® Systems.

Professor Dr. Alexander Muacevic
„Mit der Installation des Systems der neuen M6™-Serie bietet unser Zentrum nun eine radiochirurgische Behandlungsoption auf dem allerneuesten Stand der Technik. Wir können Patienten genauso effektiv behandeln wie früher. Allerdings haben wir nun die Möglichkeit, mehr Patienten die besonderen Behandlungsvorteile des CyberKnife® Systems zukommen zu lassen."

Professor Dr. Berndt Wowra
„Für uns ist es entscheidend, unseren Patienten die bestmögliche Versorgung zukommen zu lassen. Bei dem CyberKnife® System wissen wir aus Erfahrung, welche Behandlungsergebnisse wir erzielen können. Und dies können wir mit dem neuen Modell der M6™-Serie nun noch schneller – angepasst an die individuellen Patientenanforderungen."

Edelman

Medieninformationspaket

Patientengeschichte
Karlheinz Esser

Inhalt

Agenturkontakt bei Rückfragen:
Edelman GmbH
Alexandra Orsi
Tel: +49 (0)69 401254-442
E-Mail: alexandra.orsi@edelman.com

Edelman GmbH Niddastraße 91 60329 Frankfurt am Main Tel +49(0)69 75 61 99 0 Fax +49(0)69 75 61 99 10
Geschäftsführerin Susanne Marell AG Frankfurt a. M. HRB 13100 USt. Nr 45 232 03001 USt-ID-Nr. DE 114 137 476
www.edelman.de

A Daniel J Edelman Company

„Das Wichtigste war immer, dass ich mein eigenes Auge behalten kann“

Als bei dem 73-jährigen Karlheinz Esser aus Neuried ein Aderhautmelanom diagnostiziert wurde, schien zunächst eine Welt zusammenzubrechen. Da das bösartige Geschwulst weit fortgeschritten war, hätte das Auge operativ entfernt werden müssen. Nur dank einer radiochirurgischen Therapie mit dem CyberKnife System konnte er einer Operation entgehen und sein Auge behalten. Er wurde am Cyberknife Zentrum in München-Großhadern behandelt.

Tagein, tagaus, immer wieder Ausfälle im linken Auge, weiße Blitze und Schwindelattacken. Auch das Malen von geraden Linien gelang dem Neurieder Künstler Karlheinz Esser nicht mehr. Er konnte nur noch Kreise malen. „Anfangs machte ich keine Anstalten zum Arzt zu gehen und versuchte aus den Kreisen eine Tugend zu machen, indem ich eine Serie ganz neuer Kunstwerke schaffte“, erinnert sich Esser heute.

Der Wendepunkt war bei einem Isarausflug vor vier Jahren mit seiner Frau erreicht. Trotz Schönwetterlage sah Esser schlecht und hatte Schwindel. „Als ich von einem Brückengeländer in den Fluss spucken wollte, weil das Glück bringen soll, bemerkte ich, dass mein linkes Auge ganz woanders hinsah“, beschreibt Esser. Seine Frau war es schließlich, die ihn dazu überredete sich untersuchen zu lassen. Die verschriebene Brille schaffte aber nur kurz Abhilfe. „Eines Tages sah ich meinen Mann mit einem Abstand von 20 cm ein Bild malen“, erinnert sich Frau Esser. Ihr Mann konnte auch mit der neuen Brille nichts mehr sehen.

Diagnose: bösartiges Aderhautmelanom

Nach mehreren Arztbesuchen folgte schließlich in der Augenklinik der Ludwig-Maximilians-Universität München die Diagnose: Hinter der veränderten Sehleistung steckte ein bösartiger Aderhauttumor, an dem in Deutschland rund 500 Menschen pro Jahr neu erkranken. „Die Erkrankung kann unbehandelt zur Zerstörung des Auges führen und auch Metastasen an anderen Stellen im Körper sind möglich. Es ist also sehr wichtig die Tumorzellen vollständig zu zerstören“, erklärt Dr. Förster, Essers behandelnder Arzt an der Universitätsaugenklinik München. Da die Krankheit bei Esser schon weiter fortgeschritten war, wurde von den Ärzten zunächst überlegt das kranke Auge operativ zu entfernen. „Als ich die Diagnose zum ersten Mal hörte brach für mich schier eine Welt zusammen“, sagt Esser. Doch Herr Dr. Förster erzählt dem Patienten schließlich von einer innovativen, nicht-invasiven Alternative zu einer Operation.

Auge bleibt dank schonender Radiochirurgie erhalten

Aderhautmelanome werden im Europäischen Cyberknife Zentrum in München-Großhadern seit rund zehn Jahren erfolgreich in enger Kooperation mit der Augenklinik der Ludwig-Maximilians-Universität München behandelt. „Im Juli 2011 kam Herr Esser zu einem ersten Informationsgespräch vorbei. Erfreulicherweise passten bei ihm alle Faktoren, wie Größe und Lage des Tumors, gut für eine radiochirurgische Behandlung“, erläutert Prof. Alexander Muacevic, Facharzt für Neurochirurgie und ärztlicher Leiter des Europäischen Cyberknife Zentrums.

Bei der robotergeführten Radiochirurgie mit dem CyberKnife System wird je nach Krankheitsbild in nur einer bis fünf Sitzungen aus verschiedenen Richtungen eine hohe Strahlendosis für wenige Sekunden sehr präzise auf den Tumor gerichtet. Obwohl der Tumor intensiv bestrahlt wird, schont diese Art der Therapie gesundes Gewebe, da es durch die extrem hohe Präzision kaum belastet wird. Das kranke Gewebe wird zerstört. „Ich bekam eine Spritze, damit mein Auge steif blieb. Die Bestrahlung tat überhaupt nicht weh und es war nur eine einzige Sitzung nötig, die nach 25 Minuten schon vorbei war."

„Der Strahlenroboter hat mein Auge gerettet"

Heute besucht Esser alle drei Monate seinen Onkologen und Prof. Muacevic im Cyberknife Zentrum zur Nachsorgeuntersuchung. „Diese Checks sind auch nach einer erfolgreichen Therapie sehr wichtig", erklärt Muacevic. „Aderhautmelanome streuen nämlich meist in die Leber und können zu einem Wachstum von Metastasen führen. Außerdem muss die Sehfunktion regelmäßig überprüft werden."

Essers Prognose ist gut. Bis zum heutigen Tag besteht bei dem Patienten eine ausreichende Sehfunktion und der bösartige Tumor ist weg. „Der Strahlenroboter hat mein Auge gerettet. Das grenzt an ein Wunder, was die moderne Technik in der Medizin alles kann", sagt der gebürtige Rheinländer überzeugt.

Neurieder Künstler will Mut machen

Die Freude am Sein spielt für den 73-Jährigen die größte Rolle im Leben. Er ist froh den Alltag mit seiner Frau, Familie und Freunden zurückzuhaben und auch seine Kunst wieder leben zu können. Karlheinz Esser hat die Höhen und Tiefen seines Leidenswegs und die wundersame Rettung seines Auges künstlerisch in Form eines Buches verarbeitet und will anderen Betroffenen Mut machen. „Selbst wenn die Situation aussichtslos erscheint, denkt positiv. Dass ich mein eigenes Auge behalten durfte ist für mich einfach ein Wunder."

Die wichtigsten Vorteile auf einen Blick

Eine Behandlung mit dem CyberKnife bietet gegenüber einem chirurgischen Eingriff wesentliche Vorteile:

- Schmerzfreie, nicht-invasive Behandlung
- Keine Narkose
- Maximale Reduktion des Nebenwirkungs- und Komplikationsrisikos
- Kurze Behandlungsdauer
- Maximaler Schutz von sensiblen Körperbereichen, gesunden Gewebes und Organen durch technische Präzision
- Komfortable, ambulante Behandlung

Über das Europäische Cyberknife Zentrum München-Großhadern:
Das erste CyberKnife Deutschlands wird seit 2005 im Europäischen Cyberknife Zentrum in München eingesetzt. Dabei besteht eine enge klinische und wissenschaftliche Kooperation mit den beiden größten Universitätskliniken in Deutschland, dem Klinikum Großhadern und der Charité Berlin. Bisher besteht im Zentrum eine klinische Erfahrung mit dem CyberKnife System von über 5.000 Behandlungen.

Weiterführende Informationen:
www.cyber-knife.net

ACCURAY

Accuray bietet innovative und schonende Behandlungsmethoden der Krebstherapie

Jedes Jahr erkranken rund 500.000 Menschen in Deutschland neu an Krebs, Tendenz steigend.[1] Dabei ist keine Patientengeschichte gleich – Tumor und Krankheitsverlauf unterscheiden sich von Mensch zu Mensch. Eine individuelle, auf den Patienten zugeschnittene Behandlung ist daher unerlässlich. Besonders in der Strahlentherapie hat es in den letzten Jahren technische Weiterentwicklungen und entscheidende Fortschritte gegeben, die eine maßgeschneiderte Behandlung in den Fokus rücken. Vertreter dieser neuen, präzisen Technologien sind die Systeme TomoTherapy® und CyberKnife®. Mit diesen beiden innovativen Behandlungsmöglichkeiten auf höchsten Niveau können selbst schwer erreichbare Tumore mit hoher Bestrahlungspräzision behandelt werden. Umliegendes Gewebe und wichtige Organe werden bestmöglich geschont und so Nebenwirkungen im Vergleich zu herkömmlichen Bestrahlungsmethoden verringert. Patienten, die mit einem der Geräte behandelt werden, fühlen sich in ihrem Alltag dadurch kaum eingeschränkt.

TomoTherapy® System

Durch seine Vielseitigkeit und Effizienz ist das TomoTherapie® System für die Behandlung von vielen Indikationen geeignet. Einfache sowie komplex geformte und schwer erreichbare Tumore können bestrahlt werden.

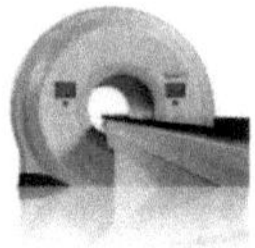

Die Technologie

Als einzigartiges, hochmodernes Radiotherapie-System mit integriertem CT-Scanner stellt TomoTherapy® einen einschneidenden Fortschritt in der Radiotherapie dar. Mit dem System können mittels 360-Grad-Rotationen selbst komplex geformte und schwer erreichbare Tumore extrem präzise bestrahlt werden. Das liegt zum einen daran, dass durch die integrierte 3D-Bildführung unmittelbar vor der Behandlung die genaue Position und Form des Tumors bestimmt und der Bestrahlungsplan entsprechend angepasst werden kann. Zum anderen wird die Bestrahlungsdosis in einzelne Strahlen aufgeteilt, die jeweils in ihrer Intensität abgestimmt werden. Die Gesamtdosis der Strahlung gelangt dadurch konzentriert in das erkrankte Gewebe und das umliegende gesunde Gewebe erhält nur kleinere Teildosen. So wird es von der Strahlenbelastung weitgehend ausgespart und Nebenwirkungen werden reduziert.

TomoTherapy® für die Bestrahlung von einfachen bis schwer erreichbaren Tumoren

Eine Therapie mit dem TomoTherapy® System umfasst je nach Behandlungsplan und Krankheitsbild 20 bis 45 Tage, an denen jeweils eine Sitzung von zehn bis 20 Minuten stattfindet. Die eigentliche Bestrahlungszeit beträgt dabei im Durchschnitt weniger als sechs Minuten. Die Behandlung ist kein chirurgischer Eingriff und somit schmerzfrei.

Zu Beginn jeder Sitzung erstellt das Gerät 3D CT-Bildaufnahmen. Mithilfe dieser Kontrollbilder können die Intensität und Richtung der Strahlen äußerst präzise an die Anatomie des Patienten und die Lage des Tumors angepasst werden. Während sich die Liege sanft längs

[1] Krebs in Deutschland 2009/2010. 9. Ausgabe. Robert Koch-Institut (Hrsg.) und die Gesellschaft der epidemiologischen Krebsregister in Deutschland e.V. (Hrsg.). Berlin, 2013.

durch die Röhre bewegt, kreist die Bestrahlungseinheit um den Patienten und bestrahlt das Zielvolumen aus jedem erforderlichen Winkel.

Bedingt durch die Größe des Bestrahlungsfeldes können sogar sehr lange oder mehrere Tumore an verschiedenen Stellen gleichzeitig behandelt werden. Direkt nach der Bestrahlung können die Patienten das Behandlungszentrum verlassen und ihrem Alltag nachgehen.

Mit dem TomoTherapy® System können zudem auch Körperstellen behandelt werden, die bei einer früheren Erkrankung bereits bestrahlt wurden. Oft wird dies ausgeschlossen, weil eine weitere Bestrahlung für das gesunde, aber durch frühere Behandlungen strahlenbelastete Gewebe nicht ratsam ist. Das TomoTherapy® System ist allerdings so präzise, dass das gesunde Gewebe weitgehend geschont und so eine weitere Bestrahlung ermöglicht wird. Die Behandlung kann auch ergänzend zu einem chirurgischen Eingriff, einer Chemotherapie oder anderen medikamentösen Behandlungen durchgeführt werden.

Kostenübernahme

Die Kosten werden in der Regel sowohl von gesetzlichen als auch von privaten Krankenkassen erstattet.

CyberKnife® System

Das CyberKnife® System wird zur radiochirurgischen Behandlung von Tumoren im Bereich des gesamten Körpers eingesetzt. Seine hochpräzise Technologie basiert auf dem perfekten Zusammenspiel eines digitalen Bildführungssystems und robotergeführter Bestrahlungstechnik.

Die Technologie

Robotergeführte Radiochirurgie ist eine Form von Strahlentherapie, bei der in meist nur einer bis fünf Sitzungen eine sehr hohe Strahlendosis auf den Tumor gerichtet wird und so das kranke Gewebe vergehen lässt. Damit stellt das CyberKnife® System eine nicht-invasive Alternative zur operativen Therapie und eine Option für Patienten dar, die bereits mit einer konventionellen Strahlentherapie behandelt wurden. Das System eignet sich zur Therapie bösartiger und gutartiger Tumoren in allen Körperregionen – einschließlich Kopf, Wirbelsäule, Lunge, Leber, Bauchspeicheldrüse und Prostata.

Der einzigartige Aufbau des Gerätes mit integriertem Bildführungssystem ermöglicht eine starke und präzise Strahlendosis, ohne gesundes Gewebe zu belasten. Selbst chirurgisch schwer zugängliche und als inoperabel geltende Tumore können schmerzfrei behandelt werden.

Das innovative Bildführungssystem registriert mögliche Patienten- und Tumorbewegungen in Echtzeit und kann so die Bestrahlung durch den Roboter anpassen, wenn der Tumor sich während der Behandlung zum Beispiel durch Atmung verschiebt.

CyberKnife® bietet schonende Radiochirurgie für schwierige Fälle

Der durch einen Experten erstellte Behandlungsplan bietet die Grundlage der radiochirurgischen Therapie – er beruht auf ersten CT-Bildern und gibt Aufschluss über Größe, Lage und Form des Tumors. Zu Beginn des Eingriffs wird der Patient auf der robotergeführten

2

Behandlungsliege des Gerätes positioniert, da die gesamte Behandlung in bequemer Rückenlage erfolgt. Eine feste Fixierung durch z.B. eine Kopfhalterung ist dabei nicht notwendig, weil Patienten- und Tumorbewegungen durch die digitale Bildführung in Echtzeit während der gesamten Behandlung konstant erfasst werden. Eine Verschiebung des Tumors, beispielsweise durch die Atmung, wird sofort erkannt und die Bestrahlung kann direkt korrigiert werden. Die bildkontrollierte Robotersteuerung bewegt den Bestrahlungskopf an die zuvor berechneten Positionen, aus denen der Tumor jeweils für wenige Sekunden bestrahlt wird. Je nach Beschaffenheit und Lage des Tumors dauert die Sitzung zwischen 20 und 60 Minuten. Die gesamte Behandlung mit dem CyberKnife® System kann, je nach Behandlungsplan und Krankheitsbild, innerhalb von vier bis fünf Sitzungen abgeschlossen werden.

Die höchst präzise Bestrahlung schont gesundes oder kritisches Gewebe und reduziert dadurch nicht nur mögliche Nebenwirkungen, sondern auch das Komplikationsrisiko. Da die Behandlung ambulant durchgeführt wird und für die Patienten völlig schmerzfrei ist, können diese direkt im Anschluss wieder zu ihren normalen Tagesaktivitäten zurückkehren.

Kostenübernahme

Die Kostenübernahme wird bei einigen gesetzlichen Krankenkassen über Versorgungsverträge geregelt. Andernfalls kann ein Antrag auf Einzelfall gestellt werden. Bei privat versicherten Patienten werden die Kosten in der Regel von der Versicherung übernommen.

Hier auf dieser Seite möchte ich euch einen Mann vorstellen, der die ganzen Geräte mit seinen Mittarbeitern entwickelt hat. Dieses medizinische Wunderwerk, das mein Auge unblutig operierte und gerettet hatte.

John R. Adler

Aus Wikipedia, der freien Enzyklopädie

Eric Hanh

Geboren
Yonkers, New York

Residenz
Palo Alto, Kalifornien [1]

Alma Mater
Harvard College 1976 und an der Harvard Medical School in 1980

Kinder
Trip Adler

John R. Adler (geb. 1954) ist ein amerikanischer Neurochirurg. Er ist der Erfinder des Cyberknife-Radiochirurgie-Instrument. [2] [3] Im Jahr 2007 wurde er der Dorothy und Thye König Chan Professor für Neurochirurgie an der Stanford University School of Medicine genannt. [4] Er war auch der stellvertretende Vorsitzende der Schule für Innovation und Technologie. Er ist derzeit ein emeritierter Professor für Neurochirurgie. [5] Im April 2010 Adler Vice President und Leiter der neuen klinischen Anwendungen bei Varian Medical

Systems ernannt wurde. [6]

Adler hält 9 US-Patente und hat mehr als 180 Peer-Review-Artikel und Buchkapitel verfasst. Er ist am besten bekannt als der Erfinder des Cyberknife-Radiochirurgische System, ein bildgesteuerte Radiochirurgieroboter Instrument [7], dass abträgt noninvasively Tumoren und Läsionen im ganzen Körper. 1991 gründete Adler die Firma Accuray zu entwickeln und die Cyberknife herzustellen. [8] Er Chief Executive Officer von 1999 bis 2002 war und Chief Medical Officer von 1991 bis 2007 auch war er Mitglied der Accuray Board of Directors von 1991 bis Juli 2009. Im Jahr 2002 gründete Adler die Cyberknife-Gesellschaft deren Präsident er bis 2009 aus dem Jahr 2002 war [9]

Im Jahr 2009 gründete Adler Curēus.com (ursprünglich als peerEmed.com bekannt), eine Web-basierte Peer-Review-Verfahren Medical Journal, die Attribute der traditionellen Expertenreview und soziale Netzwerke mit dem Ziel der ziemlich Ausgleichs Gutachter und Autoren kombiniert. [10]

Persönliches Leben [Bearbeiten]

Adler wurde in Yonkers, New York geboren im Jahr 1954. Er am Harvard College 1976 absolvierte und an der Harvard Medical School im Jahr 1980. Von 1980 bis 1987 war er ein neuro Residenz am Massachusetts General Hospital haben und Brigham und Frauenklinik und einem Radiochirurgie-Stipendium an der Karolinska-Institut in Schweden, wo er mit Lars Leksell gearbeitet.

Er ist der Vater von Trip Adler, Mitbegründer und CEO von Scribd.

Quelle Internet

Mein Fazit vom Tumor in meinem Auge.

Im Jahre 2016 sind fünf Jahre vorbei, in denen ich keine Metastasen im Körper bekommen habe. Somit gelte ich als geheilt. Doch einen neuen Tumor kann ich überall bekommen, was aber nichts mit meinem Auge zu tun haben muss, was also auch jeder Mann und auch jede Frau, jedes Kind bekommen kann. Ich würde alles so wieder machen und wie bisher optimistisch und positiv sein. Das Leben mit meiner Familie und Freunden genießen. Ich kann nur empfehlen, rechtzeitig zum Arzt zu gehen und wie bei meiner Diagnose Aderhautmelanom oder sonstige im Körper befindliche Krebsbefunde das Cyberknife-Zentrum aufzusuchen und mit dem Arzt die eventuellen Möglichkeiten der Therapie mit dem Strahlenroboter »Fridolin« zu besprechen.

Das Leben ist schön, ich liebe das Leben.

Es gibt Dinge im Leben, die man nicht zu glauben vermag, doch Wunder gibt es immer wieder, so wie in meinem Fall. Das sechs bis sieben Menschen von 100.000 an einem Aderhautmelanom erkranken und ich die Fünfjahresüberlebensrate als geheilt überstanden habe, ist ein unwahrscheinliches Glück.
Glück ist gar kein Ausdruck, ich habe ein »neues Leben geschenkt bekommen«. In meinem Fall hat die Macht des Himmels die Pforte zugehalten. Der Himmel muss noch warten. Danke an Gott und meinen Schutzengel.

Immer wieder fragen mich die Leute, …

… wie ich denn die ganzen Jahre geschafft habe. Jedes Mal sage ich: Normal sein, positiv denken und im »sein« bleiben. Ich habe nie eine Sekunde daran gedacht, dass überhaupt was »sein« kann oder könnte. Mein Held, Herr Professor Muacevic, sagte zu mir: Der Tumor ist zu 75 % ausgeschaltet. Hier hat der Strahlenroboter »Fridolin« ganze Arbeit geleistet. Also war für mich klar, dass das Auge gerettet war. Dieses allein gab mir schon Aufschwung für mein weiteres Leben. Man darf auch nicht vergessen, dass ich ein Junge aus dem Kohlenpott bin und im Rheinland aufgewachsen war, dort sind die Menschen einfach positiver. Außerdem habe ich viel gemalt und ein paar nette Sprüche, Gedichte, und Geschichten geschrieben z.B. unter dem Titel »Ernst und Heiter« der im BoD-Verlag veröffentlich wurde oder auch das Buch »Mein krankes Auge«, Rediroma-Verlag. Mit meiner Malerei habe ich auch viel zu tun, sehr viel bin ich mit meiner Frau auf Reisen, da bleibt keine Zeit, über irgendeine Krankheit nachzudenken. Meine Frau sorgt für das Übrige. Ich kann nur sagen, „Positiv" in jedem Sinne. Jetzt sagt der eine oder andere, vom Positivsein kann man nicht leben. Jeder muss eben das Beste aus der Situation, in der sich gerade befindet, machen.

Neurieder Künstler veröffentlicht Buch über Rettung seines Auges

Roboter Fridolin ist der heimliche Held

Neuried Roboter-Helden sind seit jeher beliebt. Kino-Fans der 80er-Jahre kennen vielleicht noch den Film-Roboter Nummer 5. Den jüngeren dürfte »Wall-E« aus dem gleichnamigen Disney-Streifen eher geläufig sein. Der Neurieder Künstler Karlheinz Esser hat dagegen seinen eigenen Roboter-Helden: Fridolin. Das Hightech-Gerät hatte ihm das Augenlicht gerettet und ist auch in Essers Buch »Mein krankes Auge – Dende leo a infirmus oculus« verewigt, das nun veröffentlich wurde.

Esser leidet an einem Aderhautmelanom, einer seltenen Krankheit, bei der oft das Auge entfernt werden muss. Durch eine moderne Behandlung am Cyberknife-Zentrum in Großhadern wurde Essers Auge jedoch gerettet, was dieser zum Anlass für sein neues Buch nahm. Das Werk ist nun erschienen, auch mit fachlicher und finanzieller Unterstützung des Cyberknife Zentrums. Der dort eingesetzte Roboter heißt übrigens nicht wirklich Fridolin. »Ich habe ihn für mich so getauft«, sagt Esser und lacht.

Dass ihm überhaupt wieder zum Lachen zumute ist, verdankt er Prof. Dr. Alexander Muacevic, seinem behandelnden Arzt. Der erklärt, wie Essers Auge gerettet wurde: »Mit dem Roboter bestrahlen wir die Tumorzellen, in denen dadurch die Erbinformation zerstört wird.«

Die Folge: Die Tumorzellen können sich nicht mehr teilen, der Tumor nicht weiter wachsen. Das klingt heftig, ist laut Professor Muacevic aber eine sanfte Therapie. »Es ist nur eine Behandlung nötig, die Wirkung entfaltet sich in der Folge nach und nach.«

Entwickelt wurde die Behandlungsmethode vom US-amerikanischen Arzt John Adler aus Stafford in Kalifornien. »Der hat sich das Prinzip schon Ende der der 80er-Jahre ausgedacht«, sagt Professor Muacevic. Von der ersten Bleistiftskizze an dauerte es aber noch bis 2001, ehe das System erstmals installiert wurde. Mittlerweile ist es seit gut zehn Jahren auch in Großhadern im Einsatz. »Wir haben bislang über 6000 Patienten behandelt«, sagt Professor Muacevic. Neben dem Aderhautmelanom können damit auch bestimmte Arten von Hirn-, Lungen-, Leber- und Prostatatumoren behandelt werden. Allerdings sagt Professor Muacevic: »Die Therapie ist lokal sehr effektiv, aber keine Wunderwaffe.« Für Esser ist es trotzdem ein Wunder, dass sein Auge gerettet wurde. »Ich bin nur durch Zufall in einem Gespräch auf diese Methode aufmerksam geworden«", sagt er. Die Therapie ist jedoch noch wenig bekannt. »Die Medizin ist sehr konservativ, Innovationen setzen sich nur langsam durch«, sagt Professor Muacevic. Umso mehr freut sich der Arzt, dass Esser nun sein Buch veröffentlicht. »Für die Patienten ist die harte Diagnose schwierig, doch wir können bestimmte Tumore hier oft sogar ambulant behandeln«, sagt der Arzt. Es sei schön, dass mit Esser ein Betroffener dies bestätigt. Professor Muacevic gefällt an dem Buch vor allem die menschliche Komponente-auch wenn Roboter Fridolin die heimliche Hauptrolle spielt.

Andreas Daschner

Diese Zeilen standen mit sehr großen Lettern in der Zeitung (Hallo München), mit einem Bild mit Fridolin und Prof. Muacevic und meiner Wenigkeit. 25 Februar 2015

Ein Präsentkorb zu meinem 75sten Geburtstag von unserem ersten Bürgermeister Harald Zipfel

Nr. 38 Mittwoch, 21. September 2016 Tel. (089) 14 98 15 - 820 WÜRMTAL HALLO münchen 5

Pünktlich zum Geburtstag erscheint eine neues Buch des Neurieder Künstlers Karlheinz Esser

Rheinische Frohnatur wird 75

NEURIED Seit über 30 Jahren lebt der gebürtige Rheinländer Karlheinz Esser in Neuried und hat sich in dieser Zeit künstlerisch in seiner Wahlheimat schon mehrfach verewigt. Nun hat der Kunstmaler, Bildhauer und Poet ein neues Buch veröffentlicht – pünktlich zu seinem 75. Geburtstag.

Karlheinz Esser hat der Gemeinde Neuried bereits Kunstwerke gestiftet. Foto: kn

„Ernst und Heiter" heißt das Werk. Darin gibt Esser Geschichten, Lyrik, Sprüche, Spielereien mit Worten und Aphorismen zum Besten und gewährt dabei einen Blick in sein Seelenleben. „Mein ganzes Ich auf 80 Seiten", so beschreibt der Neurieder sein neues Buch. Auf der einen Seite wollte er seine rheinische Frohnatur auf den Seiten bannen. „Ich wollte aber auch was zum Nachdenken bieten." Ganz im Sinne des Buchtitels.

Der Band ist ein weiterer Teil im umfangreichen Schaffen Essers. Seine Kunstwerke zieren unter anderem auch den Fußweg entlang des ehemaligen Hettlage-Geländes. Einen ersten großen Erfolg feierte er 1985 mit dem Werk „Schrein nach Licht", Malerei in Acryl und Pastell. 1989 erhielt er den KKH-Kunstpreis, es folgten mehrere Ausstellungen im In- und Ausland.

An Inspiration mangelt es dem Neurieder dabei nicht. Dafür sorgt zum Beispiel seine Reiselust. Esser bezeichnet sich selbst als Weltenbummler, war schon auf Samoa, in Neuseeland und mit dem Wohnmobil in Russland unterwegs. „Eigentlich fehlt mir nur noch Australien", sagt der verheiratete Vater einer Tochter.

Auch sein bewegtes Leben spiegelt sich in seiner Kunst wieder. 1941 geboren in Bad Wildungen und aufgewachsen im niederrheinischen Walsum arbeitete er schon in einer Zeche, in der er nur knapp einen Einsturz überlebte, und als Krankenpfleger. Eine Krebserkrankung kostete ihn beinahe sein Auge (*Hallo* berichtete). Nun feiert Esser am Sonntag, 25. September, seinen 75. Geburtstag. Müde ist der Jubilar aber noch lange nicht, wie sein neues Buch beweist. ad

Das Buch „Ernst und Heiter" von Karlheinz Esser gibt es zum Preis von 14,99 Euro im Buchhandel. ISBN 978-3741205767.

WOCHE DER FRAU **Gesundheit**

Karlheinz E.: Der Strahlenroboter hat mein Auge gerettet

Ein seltener Tumor bedrohte seine Sehfähigkeit

Tagein, tagaus Ausfälle im linken Auge, Schwindelattacken und weiße Blitze. Der Künstler Karlheinz E. aus Neuried konnte gar keine geraden Linien mehr malen. „Dennoch wollte ich nicht zum Arzt", erinnert sich der 73-Jährige heute.

Der Wendepunkt kam beim Isar-Ausflug vor vier Jahren. „Als ich von einer Brücke in den Fluss spucken wollte,

Eine Brille brachte nur kurz Abhilfe

weil das Glück bringen soll, bemerkte ich, dass mein linkes Auge ganz woanders hinsah." Seine Frau überredete ihn schließlich zum Augenarztbesuch. Doch die verschriebene Brille half nur kurz.

Schließlich ging Karlheinz in die Augenklinik der Ludwig-Maximilians-Universität München. Die Diagnose: ein bösartiger Aderhauttumor. In Deutschland erkranken rund 500 Menschen pro Jahr daran. Unbehandelt führt der Tumor zur Zerstörung des Auges, Metastasen können den Körper besiedeln. „Deshalb ist es wichtig, die Tumorzellen vollständig zu zerstören", erklärt Dr. Förster, Arzt am Uniklinikum. Da die Krankheit bei Karlheinz weit fortgeschritten war, überlegten die Ärzte, das kranke Auge operativ zu entfernen. „Als ich das hörte, brach eine Welt für mich zusammen", sagt der Maler.

Operiert wird mit dem Cyberknife

Doch Dr. Förster erzählt ihm von einer innovativen Alternative. Im Europäischen Cyberknife Zentrum in München-Großhadern behandelt Neurochirurg Prof. Alexander Muacevic Aderhauttumoren seit zehn Jahren erfolgreich. Bei der robotergeführten Cyberknife-Chirurgie wird je nach Krankheitsbild in einer bis fünf Sitzungen aus verschiedenen Richtungen eine hohe Strahlendosis für Sekunden sehr präzise auf den vorhandenen Tumor gerichtet.

„Ich bekam eine Spritze, damit mein Auge steif blieb. Die Bestrahlung tat überhaupt nicht weh, und es war nur eine Sitzung nötig, die nur 25 Minuten dauerte", erinnert sich Karlheinz. Alle drei Monate muss er seitdem zur Nachkontrolle. Bis heute ist alles in Ordnung. Karlheinz ist froh, den Alltag mit Frau, Familie und Freunden zurückzuhaben und wieder malen zu können. „Der Strahlenroboter hat mein Auge gerettet", sagt er.

Fürs Foto legt sich Karlheinz noch mal unters Cyberknife

Prof. Alexander Muacevic erklärt dem Ehepaar, wie die Operation mit dem innovativen Strahlenroboter durchgeführt wird

Karlheinz und Gisela genießen den Alltag miteinander. Sie lieben es, auf dem Balkon zu sitzen und Pläne für den Urlaub zu schmieden

Endlich kann Karlheinz wieder malen! Er sieht nach der OP ganz normal und kann alle Farben erkennen

60 WOCHE DER FRAU

Montag, 10. Oktober 2016 | Nr. 234

Das Wür

NEURIEDER KÜNSTLER KARLHEINZ ESSER FEIERT 75. GEBURTSTAG

Ein Roboter rettete sein Leben

Das Leben von Karlheinz Esser könnte man mit „Ernst und Heiter" überschreiben. Sein neuestes Buch heißt genau so, ist aber keine Biographie. Jetzt wurde der Neurieder Künstler 75 Jahre alt.

VON VICTORIA STRACHWITZ

Neuried – „Schrei nach Licht und Freiheit" heißt das Bild, das ihm den Durchbruch verschaffte. Sein neuestes Buch heißt „Ernst und Heiter". Und beides wären gute Titel für das Leben von Karlheinz Esser. Jetzt feierte der Künstler seinen 75. Geburtstag. Nicht in Neuried; Esser feierte in Frankreich. Denn seit ihm der Arzt gesagt hat, er solle sein Leben genießen, befolgt der Maler diesen Rat nur zu gerne. Seitdem geht er oft auf Reisen.

Zudem veröffentlicht er Bücher wie „Ernst und Heiter". Er schreibt Lyrik, Gedichte und Geschichten, die er selbst erlebt hat. Das Buch ist diesen Sommer erschienen. Und: „Es kommt gut an", sagt er. Esser ist ein positiver Mensch, der auch schwere Zeiten erlebt hat. Er arbeitete im Bergbau, am Hochofen, als Beamter, Lüftlmaler und OP-Pfleger. Bei einem Unfall unter Tage sei er halb verschüttet worden. „Für mich war es ein Wunder, dass ich da lebend rausgekommen bin", sagt er. Ein anderes Mal habe er sich mit seinem Auto überschlagen. Immer folgten auf ernste wieder heitere Stunden.

Für seine jüngste große Prüfung passt der Titel seines Bildes „Schrei nach Licht und Freiheit". Denn der Maler Esser musste vor fünf Jahren um sein Augenlicht und um sein Leben kämpfen. Bei ihm wurde damals ein Aderhautmelanom im linken Auge festgestellt. Er konnte keine geraden Linien mehr malen. „Der Arzt sagte knallhart: Das Auge muss raus", erinnert er sich. Aber Esser schrie auf. „Ich habe gesagt, das kommt nicht in Frage", sagt er.

Im Klinikum Großhadern fand er im „Cyberknife Zentrum" seine Rettung. Dort sollte ein Roboter gezielt sein Melanom entfernen. Das Auge sollte bleiben. Die Krankenkasse habe die Kosten für die Behandlung nicht übernehmen wollen, da ging Esser auf die Barrikaden. „Das war wirklich lebensbedrohlich", beschreibt er sein Melanom. Nach vier Wochen habe die Kasse eingelenkt. „Ich legte mich auf die Bank, in 20 Minuten war ich fertig", beschreibt er die ambulante Operation. „Ich wäre fast eingeschlafen, so gut war das." Während seine Lieblings-CD lief, rettete ein Roboter sein Auge.

Seine Krankengeschichte hat er aufgeschrieben. Dieser, also sein zweiter Schrei nach Licht und Freiheit liegt ihm überaus am Herzen. Das jetzt erschienene Buch „Ernst und Heiter" ist daher nicht sein

Mit Büchern anderen Patienten Mut machen

erstes Buch. „Mein krankes Auge" erschien 2015. Damit will er anderen Mut machen. Und er will das Cyberknife Zentrum bekannt machen. „Das Zentrum, in dem ich operiert wurde, kennt hier kein Mensch", sagt er. Obgleich Großhadern so nahe liege. Schwer erreichbare Tumore würden dort mit hoher Bestrahlungspräzision behandelt. Er will den Menschen zeigen, dass sie nicht aufgeben sollen. Für Karlheinz Esser folgte dadurch auf Ernst wieder einmal Heiteres. Und er und seine Frau Gisela können gemeinsam reisen und das Leben genießen. Essers nächstes Buch ist auch schon fast fertig.

Karlheinz Esser beim Malen: Seit einer Augen-Operation kann er das Leben und seine Hobbys unbeschwert genießen. FOTO PRIVAT

Wir waren auf Reisen

Wir waren auf Reisen, als es geheißen hatte, ich hätte einen Befund in der Leber und sollte mein Leben genießen, und so machten wir eine Kreuzfahrt im Mittelmeer. Ich bin ein Freund des Sonnenaufgangs und so standen wir sehr früh am Morgen an der Reling. Auch viele andere Kreuzfahrtpassagiere wollten diese Stimmung erleben und so warteten wir, wie die Sonne blutrot aus dem Meer aufgestiegen ist. Der ganze Himmel war wunderschön verfärbt, als die Sonne aus dem Meer herauskam. In diesen Moment gab ein junger Mann seiner Freundin eine rote Rose, diesen schönen Augenblick hielt ich mit der Kamera fest und malte später nachfolgendes Bild. Ich musste auch unmittelbar an mein

Augenlicht und an mein Leben denken, wie lange ich noch zu leben habe, da ich ja angeblich einen Befund in der Leber hatte. Das wäre mein Todesurteil gewesen. Ich versuchte in diesem Augenblick die Sonne mit meiner Hand festzuhalten, ich spürte die Wärme und ich wusste mit einmal, dass alles gut gehen würde. Später stellte sich tatsächlich heraus, dass bei mir alles in Ordnung war.

Bildbeschreibung1):

Die Rose, die der junge Mann in der Hand hielt, und meine Hand die, die Sonne für immer festhalten wollte.

Bildbeschreibung2):

Das ganze Bild ist ein Auge, Schema eines Auges, das Aderhautmelanom, und eine Spritze, die neben das Auge eingestochen wird, wovor ich wahnsinnige Angst hatte.

1)

2)

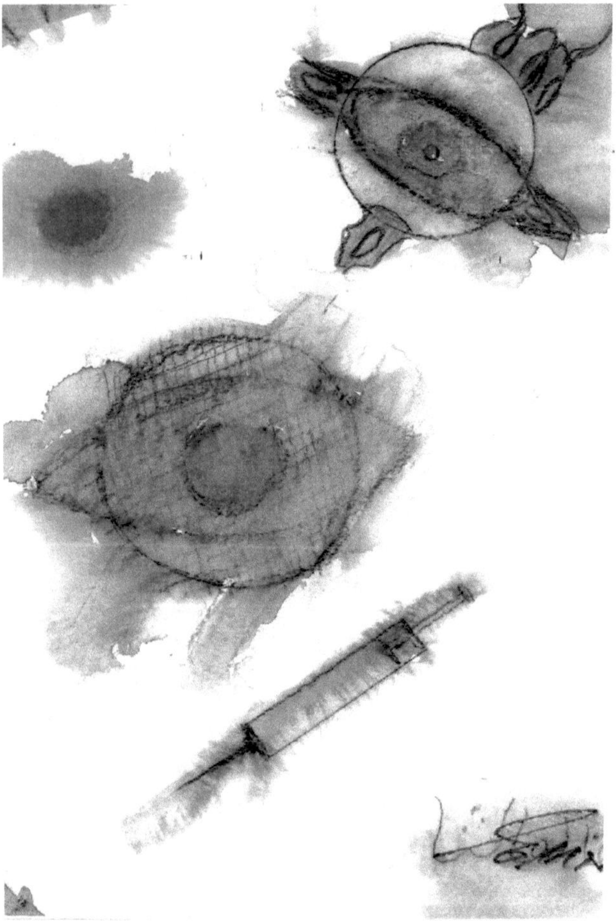

Es gibt so einiges im Leben, wofür ich mich bedanken möchte. Hier möchte ich mich aber bedanken.

In aller erster Linie bei meiner Frau, die immer mit ihrer unermüdlich ganzen Liebe zu mir gehalten hat. Meiner Familie überhaupt, meinem unterhaltsamen belesenen Freund Edgar, Musik-Poeten Manfred Buchner, dem Architekten Thomas Kulle der die ganzen Jahre ein lieber Freund und Gesprächspartner war und ist. Bei meinem »Laila-Freund« Gerhard Spiller aus Duisburg. Den vielen Nachbarn aus meiner unmittelbaren Nachbarschaft mit Namen Günther, einem Mitarbeiter der Post (Poststelle) Namens Ohannes Okan Tasdereli, der immer nett und freundlich ist. Mein Franky-Boy der immer gut drauf ist. Die Steuerkanzlei Michael und Peter Unger und seinen charmanten netten Damen Angela Reischl, Bianca Müller, Ulla Sesselmann. In der Uni- Augenklinik, Frau Rita Hauser, Tammy Brenner, Carolin Elhardt, den zahlreichen Schwestern, Pflegern und Ärzten, den diversen Krankenhäusern und Gemeinschafts-Arztpraxen, Radiologie München Herrn Professor Anno Graser, bei all denen ich manchmal stundenlang gesessen und mich behandeln habe lassen müssen, den vielen Ärzten und Professoren. Allen voran Herrn Professor Dr. Alexander Muacevic, ohne ihn und mit meiner Frau geht bei mir gar nichts.

Ich habe – Gott sei Dank – sehr gute Ärzte!

Professor Dr. Jörg Schelling, mein behandelnder Hausarzt, besonnen und kompetent in seinem Fach

Dr. Hans Dieter Schick, mein behandelnder Onkologe, mit dem ich schon einige humorvolle Minuten hatte. Meine Hochachtung vor diesem Mann, der nur Tag für Tag schwerkranke Patienten, behandeln muss, der trotzdem immer eine beruhigende Ausstrahlung hat.

Und natürlich meine **zwei Helden**:
Oberarzt Dr. Paul Foerster, mein behandelnder Tumoraugenarzt, Universitätsaugenklinik München.
Professor Dr. Alexander Muacevic, mein behandelnder Radiochirurg im Cyberknife-Zentrum. Auch dieser

Mann ist menschlich gebildet und herzlich. Ich sehe uns noch beim Foto-Shooting, welches wir gemeinsam hatten, bei dem wir so lachten, dass uns die Tränen kamen.
Bei meinen »Edeldamen« von der Agentur Edelman, Kristina Benischek und Alexandra Orsi. Im Cyberknife Zentrum, den Damen am Empfang. Dem ,Starfotograf, Bernd Jaworek. nochmals vielen Dank für das nette Fotoshooting. Bei der Schweizer Krebsliga, meinen Dank auch an Frau **Sancie Nakarat von der Firma Accuray.** Meiner Persönlichkeit, für meine Disziplin, Ausdauer, Beharrlichkeit, und dem Optimismus, nicht vor dem Ziel aufzugeben. Für **Nina von Reden, vom Cyberknife-Zentrum,** sehr nett und immer für mich ansprechbar, einen herzlichen Dank. Meinem verstorbenen Freund Erwin Söllner Fleisch-

mann, mit dem ich mich immer noch spirituell in Gedanken geistig austausche und mich oft daran erinnere, was er geschrieben hat und was wir zusammen erlebt und gesehen haben. Einen freundlichen Gruß und herzlichen Dank geht an die Senioren-Residenz AWO in Egenhofen, der Pflegeleitung Frau Andrea Renz-Ulbricht, die Betreuungsassistentin Constanze, besonders auch an die blonde Pflegerin Ramona, die dunkle Pflegerin Ramona, Pflegerin Monika, Pflegerin Tilly, Pflegerin Annemarie, Elke, Kathi, Martin, Isabell, Hanni, und an das gesamte Team. An Herrn Richard Sommer, unserem Polizist und Kontaktbeamten. Zu guter Letzt noch unseren ersten Bürgermeister Herrn Harald Zipfel.

Ein ganz besonderer Dank geht nochmals an meine Frau und an

Herrn Professor Dr. Alexander Muacevic:

Ohne die beiden wäre das Buch nie zustandegekommen. Mein Dank geht auch an die Leser die das Buch gekauft haben. >**Danke**<

Eine kurze Biografie

Geboren wurde ich in Bad Wildungen im Jahre 1941, aufgewachsen am Niederrhein, hier begann ich eine Lehre als Bergmann. Ich lebe seit 45 Jahren in Bayern, bin verheiratet und habe eine Tochter, einen Schwiegersohn und zwei Enkel. Seit einigen Jahren bin ich Hobbykünstler in der Sparte Skulpturen, Schreiberei, und Bilder, für die ich einen Kunstpreis der KKH bekommen habe. Mit meiner Frau bereise ich die Welt, mit dem Flugzeug, dem Schiff und dem Wohnmobil. Hier sind nur ein paar Länder zu nennen: Amerika, Afrika, Alaska, Asien, Brasilien, Bali, China, Samoa, Singapur, Indien, Israel, Japan, Nepal, Neuseeland, natürlich bereisten wir auch Europa. Mit dem Wohnmobil war es besonders abenteuerlich: Orte wie die Sahara, Russland, Weißrussland und Island, Griechenland, Türkei, Frankreich, ganz Europa. Wie schon in einem Buch von Manfred Kurt Buchner erwähnt, der über mich geschrieben hat, »sein Weg ist noch so weit«. In diesem Sinne so **Gott will.**

Publikationen, Rezensionen sind über Karlheinz Esser erschienen in: der Süddeutschen Zeitung, Münchner Merkur, Münchner Nachrichten, Hallo München, München Explosiv, Tz, Abendzeitung, Hamburger Morgen-Post, Bild- Zeitung, Neue Ruhrzeitung, Westdeutsche-Zeitung, WAZ, Westdeutsche Allgemeine, Ruhrkohle AG, Frankfurter Allgemeine, Starnberger Merkur, Kreis-Bote, Land und See-Boote, Parsberger Echo, Samstagsblatt, Sendlinger Anzeiger, und v.a..

Ein Auszug aus meinem „neuen Buch“. „Mein krankes Auge“

Ein Journalist, beschreibt das Buch mit dem Titel „**Mein krankes Auge**“ **Dende leo a infirmus oc**ulus folgendermaßen:
Karlheinz Esser. Als bei dem Neurieder Künstler Karlheinz Esser (Jahrgang 1941) eine seltene, meist tödlich verlaufende Krebserkrankung am linken Auge diagnostiziert wurde, schien eine Welt für den gebürtigen Rheinländer zusammenzubrechen Doch dann widerfuhr dem Maler, Dichter und Bildhauer das, was er als persönliches Wunder bezeichnet: Durch ein zufälliges Gespräch mit Dr. Foerster von der Universitätsklinik stieß Esser auf eine neue Behandlungsmethode im Cyberknife-Zentrum in Großhadern, die ihm sein Auge rettete. In seinem Buch erzählt

der im niederrheinischen Walsum aufgewachsene Künstler mit seinem ihm eigenen, verschmitzten Kohlenpott-Humor mit einem lachenden und einem weinenden Auge von seinem Leidensweg, seinen Erlebnissen in den Kliniken und mit den Ärzten und gewährt einen unterhaltsamen Einblick in die wundersame Rettung seines kranken Auges.
Ein Buch, das Hoffnung macht. Mit einem Vorwort von Prof. Dr. med. Alexander Muacevic, Essers behandelndem Arzt am Cyberknife-Zentrum.

Andreas Daschner, freier Journalist.

Dank der Behandlung im Cyberknife-Zentrum kann ich wieder malen und auf Reisen gehen

ADVANTAGE